VENTE DE BIENFAISANCE

ORGANISÉE PAR

L'ASSOCIATION DES ARTISTES

PEINTRES, SCULPTEURS, ARCHITECTES, GRAVEURS
ET DESSINATEURS

Au profit

DE LA VEUVE DE O. DE PENNE

PARIS — 1898

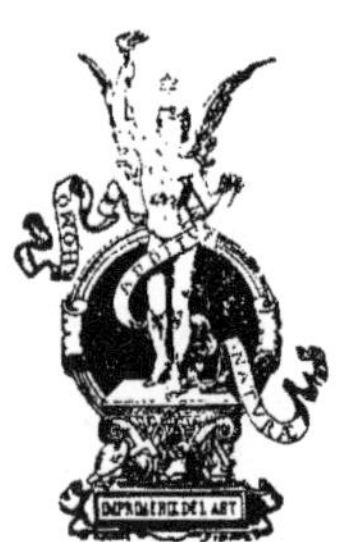
IMPREMERIE DE L'ART

VENTE DE BIENFAISANCE

ORGANISÉE PAR

L'ASSOCIATION DES ARTISTES

PEINTRES, SCULPTEURS, ARCHITECTES, GRAVEURS & DESSINATEURS

Au profit de

LA VEUVE DE O. DE PENNE

DE

TABLEAUX

Aquarelles

DESSINS, TERRES CUITES, BRONZES, ETC.

Offerts par les Artistes

HOTEL DROUOT, SALLE N° 1

Les Jeudi 2 et Vendredi 3 Juin 1898

A DEUX HEURES TRÈS PRÉCISES

Par le Ministère de **Me LÉON TUAL**, commissaire-priseur

56, rue de la Victoire, 56

Assisté de **MM. BEUGNIET & BONJEAN**, experts

10, rue Laffitte, 10

Avec le concours de M. BOUSSATON, délégué de l'Association

EXPOSITION PUBLIQUE

Le Mercredi 1er Juin 1898, de deux heures à cinq heures et demie

CONDITIONS DE LA VENTE

La vente sera faite au comptant.

Les acquéreurs payeront *cinq pour cent* en sus des prix d'adjudication.

Paris. — Imp. de l'Art, E. MOREAU ET Cⁱᵉ, 41, rue de la Victoire.

DÉSIGNATION

AUBERT (Jean)

6 — *Concert mystérieux.*
> Esquisse.

AUGUIN (Louis-A.)

7 — *Mer calme, pointe de Grave (Gironde).*

BARILLOT (Léon)

8 — *Bœuf au poteau.*

BARRIAS (Félix)

9 — *Plein air.*
> Aquarelle.

BARTHALOT (Marius)

10 — *Le Père Trouillet.*

BEAUQUESNE

10 bis — *L'Ennemi ! Officier de cuirassiers sous bois.*

BEAUVAIS (Armand)

11 — *Le Chemin des sapins.*

BENNER (Jean)

12 — *Chrysanthèmes.*

BERNE-BELLECOUR (E.)

13 — *Dragon écrivant à cheval.*
Dessin à la plume.

BERTHELON (Eugène)

14 — *Soleil couchant (marine).*

BINET (V.)

15 — *Gardeuse de chèvres.*
Aquarelle.

BIVA (Paul)

16 — *Jetée de Lebas.*

BOMBLÉD (Ch.)

17 — *L'Empereur en reconnaissance.*

BONHEUR (Isidore)

18 — *Une Vache couchée.*
Bronze.

ROSA BONHEUR (Mlle)

19 — *Soleil levant.*
Pastel.

ROSA BONHEUR (Mlle)

20 — *Un Taureau couché.*
Bronze.

BONNEFOY (Henry)

21 — *Au Repos.*

BOUCHOR (Félix)

22 — *Baigneuses.*

BOUDIN (Eugène)

23 — *Le Quai au bois, bassin de Deauville.*

BOUGUEREAU (William)

24 — *Manola.*

BOUSSATON

25 — *EL Kazar Abadie, à la petite Afrique de Beaulieu; A. M.*

BRACQUEMOND (F.)

26 — *Le Soir.*
Eau-forte d'après Th. Rousseau.

BRATEAU

27 — *Un Gobelet en étain « Houblon et orge ».*

BRÉAUTÉ (ALBERT)

28 — *Mademoiselle Caroline.*
Pastel.

BRETON (JULES)

29 — *Petite Paysanne aux champs.*
Étude.

BRIDGMANN (FR.-A.)

30 — *Marine.*

BRINQUANT (RAOUL)

31 — *Chasse au Loup. Louis XV.*

DE SAUX (Mme HENRIETTE BROWNE)

32 — *La Robe de Joseph, d'après Bida.*
Eau-forte.

BRUNET (EUGÈNE)

33 — *Paysage.*
Aquarelle.

BRUNET (Eugène)

34 — *Paysage.*
Aquarelle.

BRUNET (Mme Sophie)

35 — *Fleurs.*

BRUNET-HOUARD

36 — *Ours assailli par un essaim de guêpes.*

BUSSON (Charles)

37 — *Moulin de Prazai, près Montoire (Loir-et-Cher).*

CAGNIART (Émile)

38 — *Un Vieux Pont, près Creil.*

CAILLE (Léon)

39 — *Laveuse.*

CANUET (L.)

40 — *Une Irlandaise.*
Étude.

CARAUD (Joseph)

41 — *Les Cartes.*

CHAMPEAUX (Octave de)

42 — *Marine, à Sestri, près Gênes.*
Aquarelle.

CHEVILLIARD (Vincent)

43 — *La Gourmandise est un péché.*
Aquarelle.

CLAIRIN (Georges)

44 — *Aquarelle.*

CLAUDE (Eugène)

45 — *Grenades et pot vert.*

CLAUDE (Georges)

46 — *L'absoute; funérailles de Pierre le vénérable.*
Lithographie originale. Épreuve avant la lettre.

CLAUDE (J.-Max)

47 — *Une Rencontre à Hyde Park. (Souvenir de Londres).*
Esquisse.

COËSSIN de la FOSSE

48 — *Une Bouquetière en 1790.*

COMERRE (Léon)

49 — *Tête d'étude.*

COURANT (Maurice)

50 — *Retour des bateaux sardiniers.*

DAMERON (Emile)

51 — *Bateau sur le lac de Genève.*

DAMOYE (Emmanuel)

52 — *Paysage.*

DELAISTRE (A.)

53 — *Crépuscule.*
Esquisse.

DECAEN (Alfred)

53 bis — *La Meute partant au rendez-vous en forêt.*

DELOBBE (ALFRED)

54 — *Tête de Jeune Fille*

DESRIVIÈRES (GABRIEL)

55 — *Étude de plaine.*

DETAILLE (ÉDOUARD)

56 — *La Prise de tabac.*
Dessin rehaussé.

DETTI (CÉSAR)

57 — *L'Enfant à la poupée.*

DEULLY (EUGÈNE)

58 — *Coquelicots; fantaisie.*

DEYROLLE (THÉOPHILE)

59 — *Marchande de poisson, à Concarneau.*

DOLDIER (H.)

60 — *En reconnaissance; chasseur à cheval.*
Aquarelle.

DOUDEMENT (GUSTAVE)

61 — *Marine.*

Étude.

DRAMARD (GEORGES DE)

62 — *Souvenir d'Orient.*

DROUET (CH.)

63 — *Deux dessins originaux japonais.*

64 — *Lot de six dessins originaux japonais.*

65 — *Un dessin du XVIe siècle.*

66 — *Poisson, acteur.*

Dessin à la sanguine.

67 — *Étude au crayon noir.*

Attribuée à JOSEPH BLANC.

DUFOUR (CAMILLE)

68 — *La Seine à Lavacourt.*

DUPRÉ (Julien)

69 — *La Prairie.*

Dessin.

ÉPINAY (Mlle Marie d')

70 — *Marton.*

Sanguine.

ERNST (R.)

71 — *Un Tigre.*

Faïence.

FAIVRE (Tony)

72 — *Panneau décoratif.*

Esquisse.

FANTIN-LATOUR

73 — *Six Lithographies originales.*

FEYEN (Eugène)

74 — *Marée basse à Cancale.*

FINOT (LE BARON)

75 — *Sortie du pesage.*

FOREAU (L.)

76 — *Dernier rayon.*

FOUBERT (ÉMILE)

77 — *Église de Vetheuil (Seine-et-Oise).*

FRIANT (ÉMILE)

78 — *Tête d'étude.*

Dessin.

FROMENT (EUGÈNE)

Peintre de la Manufacture de Sèvres

79 — *Symphonie héroïque.*

Peinture faïence.

GAMBART (ERNEST)

80 — *Gravure des Chars romains, par Maurice Deville.*

D'après CHECA.

GASSIES (Georges)

8₁ — *En Automne (Fontainebleau).*

Aquarelle.

GAY (Walter)

82 — *La Seine a Sandrancourt.*

GELHAY (Edouard)

83 — *Le Vieux Jardinier.*

Pastel.

GÉLIBERT (Jules)

8₄ — *Grands Griffons nivernais.*

85 — *Renard manqué.*

Aquarelle.

GÉROME (Léon)

86 — *Danseuse au cerceau.*

Statuette, bronze.

GIACOMELLI (H.)

87 — *Oiseaux.*

Aquarelle.

GILBERT (Victor)

88 — *Nature morte.*

Gouache.

GLAIZE (Léon)

89 — *Étude pour le plafond du Théâtre des Arts, à Rouen.*

Dessin.

GOLOVART (Mme Adèle)

90 — *Étonnée.*

GOUPIL et Cie

Boussod, Manzi, Joyant et Cie, successeurs

Photogravures d'après O. de Penne

91 — *Chasse au furet.*

92 — *Chasse au chien d'arrêt.*

GOUPIL et Cie

BOUSSOT, MANZI, JOYANT ET Cie, SUCCESSEURS

Photogravures, d'après, O. de Penne.

93 — *Hallali du cerf.*

94 — *Hallali du sanglier.*

95 — *Battue aux loups.*

96 — *Chasse au renard.*

97 — *Chasse au marais.*

98 — *Chasse sous bois.*

GRAUX (Mlle BERTHE)

99 — *Paysage.*
Fusain.

GRIDEL (EMILE)

100 — *Le Pic noir des Vosges.*

GRITSENKO (NICOLAS)

101 — *Saint-Valery-en-Caux.*
Étude.

GROLLERON (Paul)

102 — *Après l'averse.*

GUIGNE (A.)

103 — *Venise ; la Lagune à Pellestrina.*
Aquarelle.

GUILLEMET (Antoine)

104 — *Barfleur (Manche).*

HAQUETTE (G.)

105 — *Gros temps.*

HARPIGNIES (Henri)

106 — *Souvenir d'Hérisson (Allier).*
Aquarelle.

HÉBERT (Théodore)

107 — *Michel-Ange.*
Petit buste en terre cuite.

108 — *Raphaël.*
Petit buste en terre cuite.

HENNER (J.-J.)

109 — *Étude de Jeune Fille.*

HUGUET (Victor)

110 — *Côte d'Afrique.*

ISENBART (Émile)

111 — *Paysage.*

IWILL (Léon)

112 — *Le Soir ; route de Bormes (Var).*
Pastel.

JACOMIN (Alfred)

113 — *La Seine à Poissy.*

JACQUE (Frédéric)

114 — *Paysage.*

JACQUET (Gustave)

115 — *Attendant sous l'orme.*

JACQUET (Jules)

116 — *Le Départ des Volontaires.*
Gravure d'après Rude.

JADIN (Emmanuel)

117 — *Un Putois pris au piège.*

JEANNOT (J.)

118 — *Forêt de Fontainebleau.*
Aquarelle.

JOUBERT (Léon)

119 — *Les Bords de la Cure, à Vezelay.*

JUNCKER (Frédéric)

120 — *Paysage.*
Dessin à la stéarine, procédé de l'auteur.

KAEMMERER (H.)

121 — *Dessin au fusain.*

LAGUILLERMIE (Frédéric-Aug.)

122 —
Gravure d'après Eug. Delacroix.

LAMBERT (L.-Eugène)

123 — *Chats.*

LANDELLE (Mr et Mme Charles)

124 — *Soldat mort et son Chien.*
   Aquarelle par Olivier de Penne.

LAUGÉE (Georges)

125 — *La Rentrée au hameau.*
   Aquarelle.

LAURENS (Jules)

126 — *Anciennes Carrières, à Crillon (Vaucluse).*
   Sépia.

LAURENT-des-ROUSSEAUX

127 — *Derrière le Moulin.*

LA VILLETTE (Mme Elodie)

128 — *La Marée au Port-Blanc, Quiberon (Morbihan).*

LECAPLAIN et VIDAL

129 — *Chasse à courre, équipage du Comte Greffulhe.*

Dessin d'Olivier de Penne.

130 — *Chasseur Louis XV.*

Aquarelle d'Olivier de Penne.

LECOMTE (Paul)

131 — *A l'Arrière-Saison.*

Aquarelle.

LEDUC (Arthur)

132 — *Une Chienne.*

Bronze.

LEFEBVRE (Jules)

133 — *Ondine.*

LELOIR (Maurice)

134 — *Chasse au papillon.*

Aquarelle.

LEMATTE (Fernand)

134 bis — *En Égypte.*

LEMÉNOREL (Ernest)

135 — " *Juliana* ".

LE ROUX (Eugène)

136 — *L'Amateur d'estampes.*

LE SÉNÉCHAL DE KERDRÉORET

137 — *Vue de Brest. La Rade.*

>Aquarelle.

LÉVY (Henri)

138 — *Étude pour le Couronnement de Charlemagne au Panthéon.*

>Dessin.

LOBRICHON (Timoléon)

139 — *Le Printemps.*

>Dessin.

LUCAS (Paul)

140 — *Rosa.*

>Étude.

LYNCH (Albert)

140 bis — « *Pierre et Jean* », *de Guy de Maupassant.*

>Exemplaire de luxe, accompagné d'une aquarelle originale, ouvrage édité par MM. Boussod et Valadon.

MAHLER (Paul)

141 — *Dressage de pointers.*

Dessin.

PRINCESSE MATHILDE

142 — *Aquarelle.*

MEZZARA (François)

143 — *Sous Bois.*

Fusain.

MONSIEUR LE MINISTRE

DE L'INSTRUCTION PUBLIQUE ET DES BEAUX-ARTS

Deux figures provenant de la Manufacture de porcelaine
de Sèvres.

144 — *Bacchante à l'amphore.*

145 — *Bacchante au Sistre.*

MONGINOT (Ch.)

146 — *Une demi-tasse.*

MOREAU-NÉRET (Adrien)

147 — *Bouquet de tulipes doubles.*
Aquarelle.

MOUILLARD (Lucien)

148 — *La Compagnie des chevaux-légers Dauphin, en 1745.*

MURATON (Mme Euphémie)

149 — *Pêches, branche de prunes.*

NOZAL (A.)

150 — *Dans le grand val d'Étretat.*

OLIVE (J.-B.)

151 — *Étude à Chioggia (Vénitie).*

PARIS (Camille)

152 — *Vue des bords du Tibre aux environs de Rome.*

PASINI (Albert)

153 — *L'Attente ; souvenir d'Orient.*
Aquarelle à l'essence.

COMTE DU PASSAGE

154 — *Chasse; éventail.*
Lithographie rehaussée.

VICOMTE DU PASSAGE

155 — *Chasse; éventail.*
Aquarelle

PERRAULT (Léon)

156 — *Contemplation.*

PERRET (Aimé)

157 — *La Seine à Bois-le-Roi.*

PERREY (Léon)

158 — *Masures, Franche-Comté (Doubs).*

PHILIPPON (Gustave)

159 — *Héréda (le Lierre).*
Albâtre patiné.

PITON (C.)

160 — *Rendez-vous de chasse présidentielle, à Marly-le-Roi.*
Aquarelle sépia.

PITON (C.)

161 — *Rhinocéros dans le brouillard; Troca-
déro.*

Aquarelle.

PORTIER (Alphonse)

162 — *Bords de la Marne.*

Paysage par Viollet-le-Duc (Victor).

PRINCETEAU (René)

163 — *Chasse à courre.*

RAVANNE (Gustave)

164 — *La Falaise; soleil couchant (Saint-Valery-en-Caux).*

RENAULT DES GRAVIERS (Victor)

165 — *Le Jardin et la Maison abandonnée du
sculpteur animalier Barye, à Barbizon;
souvenir respectueux.*

RIGOLOT (Albert)

166 — *Une Rue à Bou-Saada (Sud algérien).*

RIVA-MUNOZ (Mme de la)

167 — *Roses.*

Pastel.

RIVOIRE (François)

168 — *Capucines.*
>Aquarelle.

RIZO (Jacques)

169 — *Tête de Jeune Femme.*

ROBERT (Mme Berthe)

170 — *Petite Tête de fantaisie pour broche ronde.*
>Miniature sur émail.

RONDEL (Henry)

171 — *Tête de Femme.*

ROSIER (Amédée)

171 ^bis^ — *En Rade de Villefranche (Alpes-Maritimes).*

ROSSERT (Paul)

172 — *Le Moulin de Montigny; automne.*
>Pastel.

ROSSERT (Mme Marguerite)

173 — *Fanchon.*
>Aquarelle sur ivoire.

ROTIG

174 — *Chiens collets.*
Aquarelle.

ROULLET (Gaston)

175 — *Marine.*

ROUX (Paul)

176 — *Le Long-Rocher, près Marlotte.*
Aquarelle

SACHY (Henri de)

177 — *Plage de Berck ; soleil couchant.*
Pastel.

SAIN (Édouard)

178 — *Fleur de printemps.*
Pastel.

SAINTPIERRE (Gaston)

179 — *Tête de Femme couchée.*

SCHREIBER (Charles)

180 — *Cardinal.*

SCHRYVER (Louis de)

181 — *Fleuriate.*
Dessin.

SCOTT (Georges)

182 — *Départ pour la pêche à la sardine (Douarnenez).*
Aquarelle.

SIMONNET (Lucien)

183 — *Paysage.*

SMITS (Eugène)

184 — *Tête de Bohémienne.*

SOUZA-PINTO (J. J. de)

184 [bis] — *Crépuscule à Foz (Portugal).*
Pastel.

TATTEGRAIN (Francis)

185 — *Campement de pêcheurs.*

TAVERNIER (Paul)

186 — *Brouillard en forêt de Fontainebleau.*

TENRÉ (Henry)

187 — *Cour de Ferme aux Pyrénées.*

THIRION (Eugène)

188 — *Femmes de Berck, portant le poisson à la ville.*
>Dessin.

THOMPSON (Harry)

189 — *Moutons.*

THURNER (Gabriel)

190 — *La Rosée du matin (buisson de roses) à Fontenay-aux-Roses.*

TIMMERMANS (L.)

191 — *Bassin à Dieppe; soir.*

192 — *Port de Dieppe; lever de lune.*
>Aquarelle.

VALETTE (René)

193 — *Relais de chiens gascons.*
>Aquarelle.

VAYSON (Paul)

194 — *Bœufs au joug.*
>Dessin rehaussé de pastel.

VIBERT (JEHAN-GEORGES)

195 — *Sentinelle carliste.*

VIMAR (AUGUSTE)

196 — *Une Beauté.*

WATELIN (L.-V.)

197 — *Marais de Somme.*

WEBER (THÉODORE)

198 — *A Sport.*

WENCKER (JOSEPH)

199 — *Tête d'étude.*

WORMS (JULES)

200 — *Un Douanier espagnol.*
Aquarelle.

ZIEM (FÉLIX)

201 — *Mon Joujou, ruisseau qui conduit à
l'Auberge des Adrets, à Grasse.*

CATALOGUE

DES

AQUARELLES, DESSINS

Croquis et Calques

PAR

O. DE PENNE

DONT LA VENTE AURA LIEU

HOTEL DROUOT, SALLE N° 1

Les Jeudi 2 et Vendredi 3 Juin 1898

à deux heures

COMMISSAIRE-PRISEUR	EXPERTS
Mᵉ LÉON TUAL	**MM. BEUGNIET & BONJEAN**
56, rue de la Victoire, 56	10, rue Laffitte, 10

EXPOSITION PUBLIQUE

Le Mercredi 1ᵉʳ Juin 1898, de deux heures à cinq heures et demie

CONDITIONS DE LA VENTE

Elle sera faite au comptant.

Les acquéreurs payeront *cinq pour cent* en sus des enchères.

Paris. — Imp. de l'Art, E. Moreau et Cⁱᵉ, 41, rue de la Victoire.

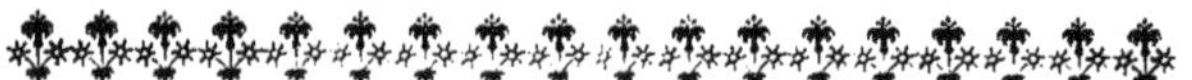

DÉSIGNATION

AQUARELLES

DESSINS

227 — *Chasse au renard*. Plume et lavis.
228 — *Piqueur et chiens*. Plume et crayon.
229 — *Hallali de sanglier*. Dessin aquarellé.
230 — *Setters gordon*. Mine de plomb.
231 — *Chasse à courre*. Dessin rehaussé de gouache.
232 — *Levriers d'Afrique*. Mine de plomb.
233 — *Chiens d'arrêts*. Esquisse. Plume.
234 — *Chiens sortant de l'eau*. Mine de plomb.
235 — *Chasseur*. Mine de plomb.
236 — *Hallali de cerf*. Esquisse. Plume.
237 — *Cerf forcé*. Mine de plomb.
238 — *Rendez-vous de chasse*. Plume.
239 — *Piqueur et chiens*. Mine de plomb.
240 — *Chiens d'arrêt*. Mine de plomb.
241 — *Setters anglais*. Fusain.
242 — *Amazone et caniche*. Lavis.
243 — *Un Bat l'eau*. Plume. Esquisse.
244 — *Chasse dans les tirés*. Mine de plomb.
245 — *Fox hounds*. Mine de plomb.
246 — *Piqueur et chiens, grands bois*. Plume.
247 — *Charles VI dans la forêt du Mans*. Mine de plomb
248 — *Étude en forêt: chasseur*. Plume.
249 — *Chiens d'arrêt*. Plume.
250 — *Hercule forain*. Mine de plomb.
251 — *Relais de chiens*. Mine de plomb.
252 — *Chasseur dans la neige*. Gouache.
253 — *Cerf forcé*. Plume et crayon.
254 — *Chasseurs dans les tirés*. Mine de plomb.
255 — *Cerf forcé*. Plume.
256 — *Relais de chiens*. Plume rehaussé de gouache.
257 — *Chiens courants*. Grand dessin, fusain.